¡Mildred quiere un novio!!

¡Mildred quiere un novio!

Text by Terry T. Waltz

Illustrations by Terry T. Waltz

©2018 by Terry T. Waltz

Published by Squid For Brains, Albany, NY USA

ISBN-13: 978-1-946626-38-7

Mildred es un caballo. ¿Mildred tiene novio? No, Mildred no tiene novio. Pero Mildred quiere un novio. ¡Quiere un novio especial!

¿Qué tipo de novio quiere Mildred?

Mildred quiere un novio guapo. Quiere

un novio de diez y ocho años.

¿Bustin Jeeber es el novio ideal de Mildred? No. ¿Por qué no?

Porque Bustin Jeeber ya tiene novia.

¿Es Harrison Hyundai el novio ideal de Mildred? No. ¿Por qué no? Porque no tiene diez y ocho años.

Washcloth Bob es muy romántico. Washcloth Bob no tiene novia. Es Bob el novio ideal de Mildred? No. ¿Por qué no? Porque no tiene diez y ocho años. Tiene diez y nueve.

¿Y Tofuman? ¿Es el novio ideal de Mildred?
Es un superhéroe. Es muy romántico. Es muy
guapo. Tiene diez y ocho años. Pero no es el
novio ideal porque tiene siete novias. ¡Siete novias!

Una de las novias de Tofuman se
llama Barbara la Dinosaurio. Tiene
sesenta y cuatro años.

Ursalena y Ursalina son novias de Tofuman también. Son las hermanas mayores de Pandarella. Ursalena y Ursalina tienen veinte y tres años.

Giuseppina es una novia de Tofuman
ambién. Es la hermana menor de Gio.
iene treinta y cinco años.

Ramona es otra novia de Tofuman.
Ramona tiene treinta años. Le gustan
los perros. Tiene un perro molestoso.

Lois Leftlane es la novia de Tofuman
ambién. ¿Cuántos años tiene? ¡Es un
ecreto!

La abuela de Bustin Jeeber es una novia de Tofuman también. Tiene noventa y ocho años.

Mildred llora. Mildred quiere un novio pero no tiene.

Pandarella, la amiga de Mildred, le dice: "Tú quieres un novio. Tengo dos amigos. ¡Son buenos! ¡Son guapos! ¡Son ideales!"

Mildred le dice a Pandarella: "¿Dos amigos ideales? ¡Excelente! ¿Dónde están?" La amiga de Mildred le dice: "Están en Chopsticks, Washington."

¿Cómo se llama el primer amigo de Pandarella? Se llama Edward Sullen. Edward está en Chopsticks, Washington.

¿Cómo se llama el otro amigo de Pandarella? Se llama Jacob Slack, y también está en Chopsticks, Washington.

Edward Sullen y Jacob Slack están en Chopsticks. No tienen novias. ¡Pero quieren novias!

Mildred les dice a los dos: "¡Hola!
Uds. son buenos y guapos y
románticos. Pero ¿tienen diez y ocho
años?"

Edward le dice a Mildred: "No. Tengo diez y siete años."

Jacob le dice: "No tengo diez y ocho años. Tengo diez y seis."

Mildred le dice a Edward: "Quiero un novio de diez y ocho años. En Chopsticks, tienes diez y siete años. Pero en Beijing, tienes diez y ocho años. ¡Vamos a Beijing!"

Why do Mildred and Edward Sullen go to Beijing, China?

In many cultures, children are 0 years old when they are born, and they turn 1 year old on their first birthday the next year.

In traditional Chinese culture, a child is said to be one year old when born. And very traditionally, a child would add a year of age when the Lunar New Year rolled around - even if it was only days after the child's birth. So it was theoretically possible for a child to be considered "three years old" on his first actual birthday, if he had been born right before the Lunar New Year.

Mildred hasn't had much luck finding an eighteen-year-old boyfriend, but luckily she knows this cultural tidbit and can use it to solve her problem!

How does your culture think about age? Is it okay to ask someone how old they are? Are there any "rules" for what you should or shouldn't say about your age or someone else's?

Glossary

buela: grandmother
migo/amiga/amigos: friend(s)
ños: year of age
Beijing: a city in China
buenos: good
aballo: horrse
inco: five
ómo: how…?
uántos: how many?
uatro: four
le: of, 's
dice: s/he says (see le dice)
diez: ten
dinosaurio: dinosaur
dónde: where?
los: two
l: the
n: in, at
s: s/he/it is
special: special
stá: is at, feels
stán: are at, feel
xcelente: excellent
guapo(s): handsome
gustan: see le gustan
hermana(s): sister(s)
hola: hello
deal/ideales: ideal

la: the
las: the
le: to him/her
le dice: s/he says to him/her
le gustan: they are pleasing to her (=she likes them)
les: to them
llama: see se llama
llora: s/he cries
los: the
madre: mother
mayores: older
menor: younger
molestoso: bothersome
muy: very
no: no, not
noventa: ninety
novio/novia(s): sweetheart
nueve: nine
ocho: eight
otro/otra: another
pero: but
perro: dog
por: for, by
porque: because
primer: first
qué: what?
quiere: s/he wants
quieren: they want

quieres: you want
quiero: I want
romántico(s): romantic
se: himself, herself
se llama: s/he calls herself/himself (=his/her name is)
secreto: secret
seis: six
sesenta: sixty
siete: seven
son: they are
superhéroe: superhero
también: also
tengo: I have
tiene: s/he has
tienen: they have
tienes: you have
tipo: kind, type
treinta: thirty
tres: three
tú: you
Uds.: you-all
un: a, an
una: a, an
vamos: let's go!
veinte: twenty
ya: already

Made in the USA
Coppell, TX
19 February 2020

16000706R00015